# 仕事の進め方

# 7つのツボ《急所》

# もう困らない

税務経理協会

# 仕事の進め方　7つのツボ《急所》

―もう困らない

# はじめに

仕事は忙しい人に頼め、と言います。暇な人、手の空いている人ではないのです。

なぜでしょうか?

忙しい人ほど、複数の仕事を抱えて上手にこなしています。つまりは、段取り上手だからです。

しかも、同時並行がうまいだけでなく、優先順位のつけ方、自分の能率がいい時間帯なども熟知しています。

段取上手からも学び、本書では仕事を効率良く進めるための7つのキーワードを挙げてみました。それぞれが章としてまとまっています。ちなみに私は、研修講師を30年していて、延べにしまして20万人指導しています。豊富な事例の中からまとめたエッセンスなのです。

① 全体展望

② 優先順位

③ 時間ドロボウ
④ スケジュール
⑤ スキマ時間
⑥ 見える化
⑦ 人生目標
の7つです。

この7つを意識して始めはマスターしていってください。やがては、何も考えなくても、習慣化していきます。そうなれば、しめたものです。

そうなると、あたかもあなたの血肉のように身について、仕事はスムーズに進むようになります。


「なぜあの人は忙しいはずなのに、あんなにも余裕があるのか?」

「どうしたら仕事に追われずに、効率的に仕事ができるのか?」

このあたりの疑問は、本書を読み進めていくうちに、氷解して理解し解決できます。必ず。

最後の章では、仕事の本にしては珍しく「人生」「生き方」について触れています。

仕事の効率化を考えて、意識して段取りしますと使える時間が増えます。タイムイズマネーとだけ考えますと、考えなしに使える時間に仕事を詰め込みます。またまた忙しく仕事に追われ、やりくりしなくてはなりません。これは問題でしょう。私の周囲にも、ビジネス一辺倒、金儲けだけに偏っている方も少なくありません。そのためだけに、段取りをマスターするのです。

そんな方が10年先20年先に寂しさを感じ、友人もいなくなったり、健康を害するような事例を数多く見てきました。

ここで、何のための仕事術なのか?なぜ働くのかという原点をハッキリさせましょう。効率化を求めてできた、貴重な時間にそのまま新しく仕事を詰め込んで本当に良いのか、幸せでしょうか?

私はハッキリ言えます。

より良い人生を築くための仕事術・段取りなのだと。

本書により、一人でも、人生を豊かにする人が増えることを願います。

松本　幸夫

# 目次

仕事の進め方7つのツボ《急所》——もう困らない

## 第2章　仕事の優先順位をつけるツボ　21



## 第3章　時間ドロボウを退治するツボ　39

## 第4章 スケジュールを組むツボ 59

## 第5章　スキマ時間を活かすツボ　81

## 第6章　仕事を見える化するツボ　99



## 第7章　人生を考えるツボ　115

# 第1章

# 仕事を全体展望するツボ

# 1　思いつき仕事をしない

仕事は思いつきでやらないことです。

思いつきというのは「あっそうだ、A社にメールしなくちゃ」と思ったら、すぐにメールする。「そうそうB社に電話だ」と思いつくや番号をプッシュする。企画書のことを思ったらすぐ企画書にうつるというような、思いつきをメインに仕事を進めるのを思いつき仕事というのです。

この仕事の進め方でも、昼休みまで持たせ昼食後から夕方までしのいでいけます。間に来客、電話、外回りなど入りますと、ナントカ一日が過ぎてしまうものです。そろそろ帰るかな、というように仕事を終えるのも、スケジュールで決めたからではなくて、何となく変えるのです。

オーバーな表現かもしれません。

しかしベストは、出社した時には、やることは決まっていることです。ただ、決まっているためには、その場で思いついたことをするのではダメなことは、おわかりでしょう。

思いつき仕事で年季を重ねても、しょせんアマチュアの域をでないのです。

仕事の　プロ　として効率良く仕事を進めるために、まっ先にするべきことがあります。これができていないと、実はスケジュール一つ立てるのも苦労します。

逆にこれさえつかんでいれば、何をしようかと迷うことなく、思いつきはなくなります。それが仕事の全体展望なのです。

思いつき仕事の弊害

① 大きな仕事を自分が成し遂げた、という達成感が感じられない——言うまでもなく達成感というのは仕事の原動力であり、自信の源である。
② いつも何をしていいかわからない、という不安感があります。
③ プロ意識がいつまでたっても持てない。

この大きな三つの理由から、ストレスは日常的に高まっていきます。過度なストレスはストレス性疾患の素です。下手をすると寿命も縮めかねません。これを防ぐのがくり返しますが仕事の全体展望なのです。

## 2　あなたは自分がどんな仕事をしているか知っているか？

あなたは、本当に自分がどんな仕事をしているか掴んでいますか？

「どんな仕事をしていますか？」

と質問されたら何とこたえるでしょうか。

「営業です」

「品質管理です」

あるいは「課長です」と言う人さえいるかもしれませんね。

これらは、部署名、肩書きであって仕事の中身そのものではありません。

例えば私の例ですが、研修講師の仕事をしています。ただこれでは、何ら全体展望はできていませんし、何をしているのかは聞いた人にもわからないでしょう。

仕事の全体展望をするというのは、もっと仕事の領域を細分化して、ハッキリと示すことです。

これはあなたの仕事をスムーズに進め、段取り上手になる方法なのです。

私の仕事の7つの領域は次のものです。

私の仕事、全体展望
一　企業内セミナー
二　公開セミナー
三　講演会
四　新セミナーの開発
五　新規代理店営業
六　顧客管理
七　講師としてのスキルアップ

これらが、私の仕事の主な領域すなわち、全体展望です。

人前に出て話す、実際に研修するだけが研修講師ではありません。これは舞台俳優と同じで、舞台に立って演じるのは仕事の一部にしかすぎません。

あなたもこのように、自分の仕事を7つの領域に仕分けて考えて見て下さい。

ちなみに、人が管理できるのは十領域内外とされます。ですのでこの作業をしていて、領域が十四とか十五もあるのなら、仕事を抱え過ぎと思って下さい。
任せる、協力してもらうといったことをしないと、押しつぶされて、残業必至です。

セールスパーソンの領域例

一　新規開拓
二　顧客管理
三　商談
四　商品知識
五　資格取得
六　スキルアップ
七　社内調整

例えば、営業ならこんな領域があるでしょう。また仕事の領域はかなり個人差のあるものです。私の段取りの、研修のなかでも、所属部署が同じでも、書く領域が異なる人はとても多いのです。
マネージャーなら、これに部下の育成やマネージャーとしての知識、資格、自己啓発などがはいるでしょう。
さらに上になれば部門全体、全社的な経営計画、マネジメントなどの中身も入るわけです。

全体展望　サンプル

マーケティング　マネージャー

| | |
|---|---|
| 1 | スタッフ管理／効率化 |
| 2 | マーケティング戦略／プラン |
| 3 | マーケット情報 |
| 4 | 特別プロジェクト |
| 5 | 宣伝／ＰＲ戦略 |
| 6 | 利益／予算管理 |
| 7 | 社内コミュニケーション／調整 |

セールス　マネージャー

| | |
|---|---|
| 1 | 販売組織／コミュニケーション |
| 2 | 販売計画／予算 |
| 3 | 販売経費 |
| 4 | 顧客管理 |
| 5 | 販売分析 |
| 6 | 市場情報 |
| 7 | 販売戦略／促進 |

## 3 領域ごとに基準を作ればＯＫ

思いつき仕事では、仕事を領域に分けることもせず、ただ何をしようかな、そうだ、と言う感じで仕事を進めます。

しかし、実は仕事は全く前には進んでおらず、なんとかこなすという具合です。

もし7つの領域にハッキリ仕分けできたなら、この仕事、作業は7つの内のこの領域の仕事だというのが理解できるでしょう。

そして同じ領域の中であれば、「何をしたらいいか」ではなくて、「これとこれどちらを先にしようか」という後述する優先順位につなげられます。

ここでは、７つの領域に分けた場合の優先度について触れておきましょう。

同じ領域の中であれば、大切なのは基準作りです。

この領域内であれば、この基準で優先度を決めると言うのがあれば、とてもスムーズに仕事が進められます。

私の例を出しますので、参考にあなたなりの基準を考えてみましょう。

仮に、先の7つの領域の中で講演会を考えて見ます。

同じ時期に、異なる先から講演会が重なったとします。ダブルブッキングをしたくなければ、いずれかを選ばなくてはいけません。

20代　ギャラの高い所優先

30・40代　モチベーションの上がるテーマ優先

50代　講演先が近い順に受けていく

というのを基準にしています。近い順というのは、体力や集中力を考えて、執筆との兼ね合いも考慮した上で基準としています。

若い時期はとにかくお金が欲しかったので、講師料で決めていました。

年齢を重ねますと、今度は、やりがいのあるテーマが基準です。

「これは話したことのないテーマで、ヤル気がでる」というのが　不惑の40からは優先度の高い講演基準でした。

ただ、今は代理店で私の講演担当の営業は、この基準を知っています。

「あの先生は近くしか受けない」と思うわけです。すると結果としては、講演先を言わずに日程を先に抑えるケースが増えています。困りものです。

「先生、来月の20日空きますか？」

空きますと電話で答えると、後で詳しくはメールします。といって電話が切られます。決まりました、という講演会の依頼書がメールできますと、指宿ということがありました。本州最南端ですね。

あるいはモゴモゴと話し、神奈川か金沢かあいまいで、実は金沢ということもありました、観光ならよいのでしょうが。

遠いのが悪いのではなく、たまたま東京に住んでいるので、基準が遠いか近いかと言うだけです。

あなたにとって、選択の基準はどのようなものでしょうか?

やりがいと言う人もあれば、上司がこの基準ということもあるでしょう。三年先のキャリアに役立つでもいいのです。

自分なりの基準があれば、同じ領域内ではどちらから仕事をすすめていくのかが決め易いのです。

## 4 仕事と家庭どちらが大事

先に触れましたように、仕事を全体展望した中で、同じ領域なら優先度もわかりやすいのです。

くり返しますが、基準さえしっかりと設けていたらです。

ところが、異なる領域ですと、比べられない。よくある「仕事と家庭どっちが大事？」と言う質問は、領域が違うからどちらも大事となるわけです。

家庭の中なら、子供優先だとか、基準があればわかります。仕事の中でも、自分は緊急優先、私は重要度、というように比べられます。

では異なる領域ならどうする？ このあたりは、「仕事の優先順位をつけるツボ」の章で詳細に解決策を述べましょう。

私も、研修と執筆どちらが大事？という質問に対してはお手あげです。今年は作家中心にして研修は厳選してと思ったのですが、プライベートなことで、どうしても日銭を稼ぐ必要が出てきて、抑えていた講演、研修を増やすことになりました。

言いたいのは、全体展望は常に最新バージョンで考えていくということです。

全体展望　７つのジャンルに分ける

| | |
|---|---|
| 1 | |
| 2 | |
| 3 | |
| 4 | |
| 5 | |
| 6 | |
| 7 | |

# 5 同時進行の仕事も全体展望する

仕事の領域を書き出すだけが、全体展望ではありません。自分がどんな仕事をしているかはハッキリしましたので、併せて今現在どんな仕事が進行中か?特に同時進行している仕事は何か?に注目しましょう。

大きい仕事になってくると、一日では終わらずに、それぞれ別の納期を持っています。それを全体展望していませんと何が進行中か?納期はどうなっているか?がハッキリしません。

常にいきなり、目の前に仕事が現れたように感じるでしょう。

「来週の火曜日締め切りだけどできてる?」いきなり上司に言われてあわてて思いだすというような経験はありませんか。

もっとひどくなると、何のことですか?と忘れてしまっていることさえあります。

どんな仕事が現在進行中か、それぞれの納期はいつなのか。しっかり把握していないと全体展望しているとは言えません。

本来、

全体展望

見える化（視覚化）

というのは、セットで考えるべきものです。バラバラにしていますと、知ってはいても、忘れたとなりかねないのです。

見える化は大切ですので、後に一章をそのために述べたいと思います。

ここではまず全体展望です。

何度も述べていますが、仕事の領域を鮮明にして、自分はどんなジャンルの仕事をしているか、掴まないと先に進めません。

もう一つが同時進行仕事の全体展望です。時間軸を持ち込んで見てわかるように一覧表に示しておきましょう。

例えば私の例ですと、雑誌の原稿、本の執筆、企画書など同時に重なって執筆は多いのです。この本の執筆も他の二冊と並行して書いています。大切なのはそれぞれの納期を考えながら同時進行していくということです。

これを何もせずに頭だけでやろうとしたらムリです。必ずモレが出るでしょう。

私の例ですと、さらにこれから三年間で30冊の良書を出すというプロジェクトを始めました。なおさら、同時進行を見える化しないと、何が何だかわからなくなるでしょう。

一覧表示して、「このアガリ症の本は今月中、この仕事術は20日までに」というように確認を忘れずに行っています。

全体展望を見える化しておけば、それぞれの仕事がどこまでにしあげたらいいのか、その順番、進め方も自分でハッキリわかります。何をしているのか良くわからないなどというストレスとは無縁でいられます。

今、あなたはいくつの仕事を同時並行して進めていますか?それぞれの納期はハッキリわかりますか?このあたりの実践はデジタル、アナログ関係ありません。

このアイディアは、私が20代で本を書いていた頃の担当編集者の手帳を見て習ったものです。その編集者はまだ出版景気も良かったからでしょうが、私の本を含めて五冊を同時に進行させていました。

間違えませんか?と尋ねますと、彼は笑いながら、手造りの同時進行の一覧表を見せてくれたのです。そこには細かく印刷工場に出す日にちから、著者への連絡、初稿、最終ゲラなどびっしり書き込まれていました。

「松本先生、こうでもしないと混乱してしまうんですよ」と編集者は言いました。

これは編集に限らないのは言うまでもありません。

ここをしっかりとやりませんと、特に忙しい時期になると、自分でも何をやっているのかわからないということになりかねません。

# 6 自分の仕事を説明してみる

子供がまだ小学生の頃、宿題でお父さんがどんな仕事をしているのか、聞いてくることを質問されてきました。ところが、小学生ですと、専門用語はもちろんのこと、研修や企業などという語もハッキリわからないのです。

説明するのに相当困ったものでした。

しかし、説明したあとに、自分の仕事の全体展望が深く理解できるようになりました。人にわかりやすく説明することそのものに、メリットがあるのです。

それ以来、私は段取りの研修では、必ず、他の人に専門用語を用いないで自分の仕事を先の7領域を基に説明させています。アンケートを見ても、自分の仕事がよくわかりました、と好評です。

イメージとしましては、異業種の人に自分の仕事を紹介することです。当然業界のことは知りませんし、専門用語はわからないでしょう。必然わかりやすい言葉で、完結にまとめることとなるのです。

また、可能なら聞き役に質問してもらいます。「先程の都市効果はどんな意味ですか」とか「具体例があれば教えて下さい」「スーパーバイザーってなにをするんですか?」というように掘り下げていきます。質問に答える中でも、仕事を深く見つめることができるのです。

説明をスマートにするには、全体展望で７つに分けた各領域を手短にまとめて話していくことです。セミナーの中では各領域30秒計２１０秒ですので４分弱くらいでまとめるのが目安です。

一回でいいので、通しで説明してみましょう。自分自身の仕事への理解度がかわってきますよ。

仕事の進め方、欠かせない一番目の習慣は　仕事を全体展望して7領域にわけること、そして

同時進行している仕事を一覧表示すること

この習慣化であなたの仕事の進め方は大きく変化します。

初めは意識して行いますが、やがて意識せずに行動できたならしめたもの。習慣になったということです。

# 7 細部と同時に全体を眺めよ

木を見て森を観ずと言います。

私たちは一つの仕事に集中すると、視野が狭くなる傾向はあります。勿論、集中そのものはわるくありません。注意力が散漫よりははるかに良いでしょう。

成果を出す人は、非凡な集中力の持ち主です。

ノーベル賞を夫婦で受賞したキュリー夫妻の夫人にこんな話が残っています。

読書に集中すると、いつも夫人は周囲が全く気にならなくなりました。いたずらで夫が読書した夫人の周囲に本で囲いを作り出れないようにしても、全く気付かなかったというのです。

ノーベル賞をとるほどの集中力はさすがに違いますね。

ただし、仕事中には、今、自分は何の仕事をしているのか。7つに分けた領域のどの仕事に取り組んでいるのか?という現在地だけは見失ってはなりません。

仮にスライドを説明していたなら、聞き手に現在地、スライドで話しているのは、全体の中のどこの話なのかは、しっかりと提示する必要があります。

上手い人は色を変えて見たり、何枚目、何項目の部分かをスライドを見てわかるように工夫しています。何よりそれが、自分にも現在地をハッキリさせることに通じます。

仕事は細部と同時に全体も眺めることが肝心です。

# 第2章

# 仕事の優先順位をつけるツボ

# 1　優先順位ふたつの尺度

ビジネスの優先順位付けは通常

重要度

緊急度

の二つをバロメーターとして仕分けしていくことで、容易になります。

一番いけないのは、前の章で述べたような「何をしようかな」と迷い、思いつきで仕事をしていくことです。

どちらを先にしようかなと迷い、基準もなく、こっちにするかという思いつきは時間もムダです。

確固とした選択の基準がほしいところです。二つの基準、マトリックスを作ってみました。重要度と緊急度が基準です。もとは、7つの習慣で知られたスティーブン・コヴィーのものです。

縦軸に重要度、横軸に緊急度をとりました。縦軸は下が低く上に行くほど高い。横軸は

右に行くほど緊急度は高く、左に行くほど低い。(図参照)

緊急度というのは、ただ緊急、急ぎと言うだけではなく、仕事なら納期の迫っているものが緊急度が高いのです。

どちらを先にしようと迷うと、多くの場合納期の迫った仕事に手をつけるでしょう。

するとどうなるか?毎日それを続けますと緊急ではないが重要な仕事(②)、ここがおろそかになっていきます。

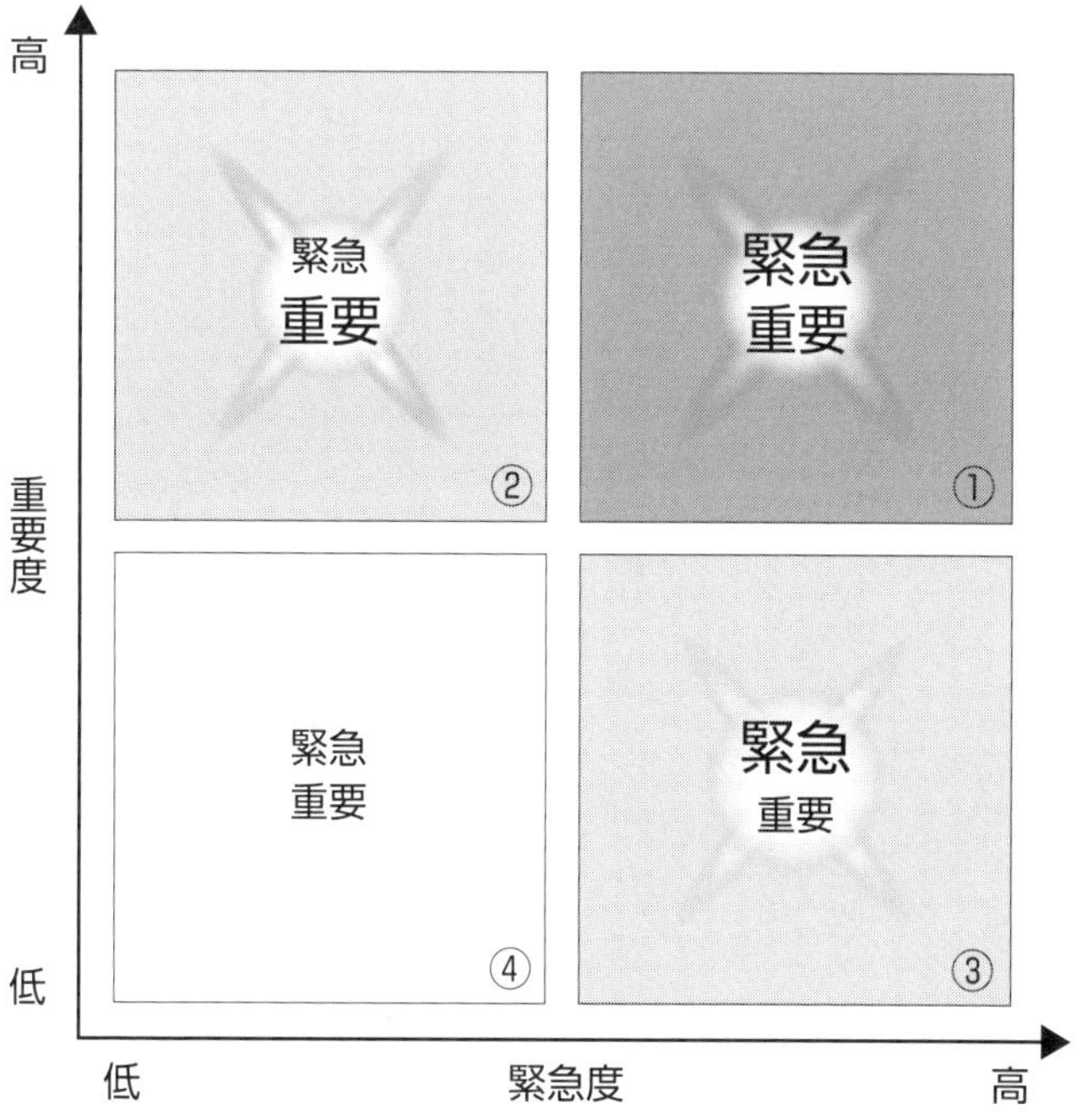

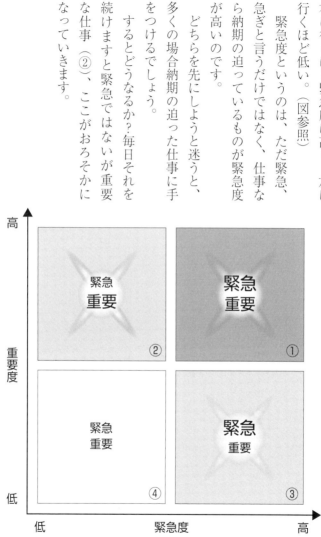

問題です。これは。

基準は確かに二つですが、決めては重要度だというのは忘れないでください。仕事の進め方で最重要といってていいのが、急ぎではないが重要なこと（②）をすること。具体的に言えば毎日のスケジュールに組み込んで、全くしなかったという日をなくすことです。

どうしても、緊急優先で、需要度が低くても優先しがちです。（③）

実は、緊急度にもまして重要度が、仕事を長い目で見ても、良質にする鍵なのです。

納期のない仕事、急ぎでなかったとしても重要仕事を毎日こなすことを徹底しましょう。そうしないと、５年後10年後に泣くことになりますよ。

例えば、納期は特にないけれども重要な仕事とはどんなものがありますか？

品質、信用、人材育成など明日までにという期限はないですが、おろそかにするとマズイというのは誰でもわかりますね。

ここがおろそかになり手薄だとどうなるでしょうか？

実はよくマスコミをにぎわす企業の不祥事は、品質も信用も人材がらみも原因はここのパートをやらなかったことなのです。

極端ですが、ここをおろそかにしますと、場合によっては社会的に糾弾されることさえあるのです。

私の知っている研修会社では若手NO1の講師が47歳、どこも若手ではないでしょう。他者のバリバリの30代の若手に勝てるはずもないのです。

これは、講師の育成という、緊急度がなくても超重要なことを先延ばしにしてきた自業自得なのです。毎日、時間をかけて次代の育成をしていたらなと悔しいですね。納期がないけれども重要な仕事は毎日行う。この自覚を促すのが急務と言えます。

確かに明日までにとか一か月以内に育成しろ、信用をつけろということはまずないでしょう。だからと言ってやらなくていい、とはならないのです。

重要度が高く急ぎでない仕事には、一夜にして成らないものは多くあります。長い目で見て、毎日するべきです。

## 2　物の見方三原則

歴代総理の指南番と呼ばれ、平成の名付け親の一人であったのが、安岡正篤です。
安岡氏は、物の見方の三原則を説きました。

一　本質を見抜くこと

二　多面的に眺めること

三　長期的に見ること

の三つです。
どうしても、ビジネスはもとより、私たちは表面的に物を見がちです。
見かけが9割などと言うくらいに、人をカッコウ、外見で判断してしまう傾向があります。

そうではなくて、人も含めて本質にスポットを当てますと本当に世の中に役立つことを見い出したり、質の高い物に出逢ったりできるのです。

また、どうしても、物事を一面から見てしまいがちです。見方が偏りますと、詐欺にあう、騙される。結果として世の中に害を与えたり、悪影響をはびこらせたりするのです。

身体と同様、頭も固くてはいけない。きれいごとではなく、多面的に眺めた上で、「世のため人のためになる」そんなビジネスかどうかを自問したいところです。

三番目がこの章のテーマ優先順位に関わってくるものです。それは、長期スパンで物事を見るということです。全体を見る大局観にも通じます。

優先順位でも、今は同等だけれども、五年先、十年先はどうかと時間軸を持ち込みますと、簡単に優先度がわかることもあります。それがハッキリしたら、仕事にとりかかればいいのです。

## 3 重要度を見抜く切り札、見切り

重要度が高いか低いか、これは優先順位をつけていく場合の土台ともいうべき部分です。もしも重要度が高いか低いかがパッとわかり判定を下せたら、優先順位付けは楽になり心配もなくなります。

上司にとって重要度が高くても、自分にとってはさほどでもない。ということはあります。将来、独立を志向していて社内の人間関係を、他の社員より重視していないこともあるでしょう。

かなりな部分が、重要度の判断は属人的と言えます。本人の価値観、考えがものを言います。とはいうものの、自分で全部決めろでは不親切でしょう。

私は20年以上、段取り、時間活用、仕事術のテーマで研修してきています。

その中で開発した重要度を決めるスキルとして「見切り」を提唱しています。

この、優先順位付けの切り札、見切りについて詳しくみていきましょう。

# 4　見切れるか見切れないかで決める

工場にいたら作業中の機械が停まってしまったとか、急病人が出た、クレーム電話を自分が受けたなどの本当に緊急で、突発的な事態ならすぐ解決する必要があります。この場合は「どちらを先にしようかな、迷う」などと言っている暇はありません。即着手、は緊急時の鉄則です。

ところが、通常業務でやや迷うような時は、どちらが優先度が高いか迷うものです。先述したのは　緊急度　重要度　の二つで考える。中でも重要度の高さがポイントでした。

重要度の判定基準として「見切れるか見切れないか」を提唱しています。

見切れる仕事は、重要度が比較的低い作業、仕事を言います。

完成度が八割程度でも、人に任せたり、自分は次の仕事に移れるような中身です。

叩き台であり、そこからさらに変化させていくもの、さらに時間をかけて進化させるので、完成度が100パーセントでなくてもよいもの。これが見切れる仕事です。社内だけで完結して外部に出さないものも、見切れるものは多いのです。これらを全て完全にするのは時間のムダで、必要以上のウルシの上塗りをするようなモノでしょう。

当然、自分にしかできない仕事、金銭にかかわるもの、外部に提出するなどとなると見切ることはできない、完成度100が求められるでしょう。これが見切れない仕事というわけです。


見切れるかどうかを考えるには、細分化してみて下さい。くくりを大きくすると、見切れなくなります。例えば、品質管理とか安全、営業などとすると、全て見切れないでしょう。くくりが大きすぎます。

品質管理の中の、ここの作業はそこまでしなくても大丈夫、営業そのものは見切れなくてもその中で、ここのミーティングは8割位で十分というように細分化して考えるのです。

ちなみに、デッドラインのない作業、仕事、ルーティンはやろうと思えば何時間でもできるものです。

例えば時間ドロボウになりやすいメールのチェックは10分やっても20分しても「ここまでにしよう」と自分で切らない限りエンドレスでしょう。

あるいは仕事そのものではありませんが、環境を整備ということで掃除するのも同じです。これで完成というのはありません。

自分で、ここまでと切って終えるのも、見切りの一つといえましょう。

## 5　見切り仕事を一言で表す

見切りを需要度の尺度とするためには、あまり仕分けに時間はかけたくないものです。つまり、仕事に遭遇したその瞬間、あるいはスケジュールの段階で「これは見切れる」「これは見切れない」と判断したいのです。仕分けの段階で何分も考えるようでは、現実には役立たないでしょう。

スムーズに優先順位をつけて、仕事を効率化するための見切りです。重要度を判定する基準なのです。

実践していくのに、もしも見切れる、見切れないが一言で表現されていたら楽です。すぐに使える指標となるでしょう。

勿論、一言にまとめますと例外は出ます。しかし、咄嗟の尺度になってくれます。例えば「お金に関わる仕事は見切れない」と一言でまとめました。

今回は契約だから見切れないな、請求書だからな、というように迷わなくて済みます。一言がないと、そのたびに見切れるのかなどうだろうと迷いかねません。

あるいは、自分にしかできない仕事は見切れないと表してあれば、同僚にもできるから見切ってもいい、と判断できるわけです。

いくつかの、一言サンプルを述べておきます。あとは、あなたの標語としてまとめておきましょう。咄嗟の時、迷いなく判定できるようになりますよ。

見切れない仕事一言で言うと

一　自分だけにしかできない仕事

二　お金に関わる仕事

三　社外に提出するもの

四　しないと他人に迷惑がかかるもの

五　安全にかかわる仕事

このほかにも、いくつも一言表現はできますね。見切れない仕事は重要度が高いこと、決して忘れないようにしましょう。

# 6 コアとなる20パーセントが見切れない仕事

パレートの法則、聞いたことがありますか。もともとは、イタリアの経済学者の説いた経済法則ですが、かなり広く解釈されて、80・20の法則として広く解釈されています。例えば売上げの八割は、売れ筋商品の二割で上げている。顧客の二割が得意客で、売上げの八割を占める。世界の富の八割を二割の特権階級が独占している。といった80・20です。

これは、コア（核）となる人、物、時間といったことをつかむのが重要ということです。正確な比率は別にして、見切りの発想も同じです。

ポイントとなる20パーセントの、見切れない仕事をしっかりつかむのが大事というわけです。

その他が見切っていい80パーセントの仕事です。が、何もしなくていいのではありません。重要度が見切れない仕事より低いだけです。

また、見切れる仕事は、手抜きするのではありません。一生懸命に取り組みますが完成度は八割程度で十分というわけです。

結論としまして、仕事というのは重要度は均等ではないということです。全てを丁寧に完全にやろうとしたら残業必至です。しかも、納期が特になければ、いつまでたっても終わりのない仕事もあります。

スマートに効率的に仕事を進めるには、重要な20パーセントのものをサッと見つけ、こなしていくことです。

重要度を見切りで見分け、サクサク仕事をこなしましょう。

## 7　教条的にならない

優先順位に限りませんが、それだけを教条的にやろうとすると、本末転倒になることがあります。注意が必要です。

優先順位をつけるのも、重要度が高く、緊急性もあり手をつけるのに迷うという時は、ハッキリさせる方が仕事しやすいでしょう。

しかし、5つ6つと重なっている仕事が重要度もあまりなくどれから手をつけても大差なしという時はどうでしょうか？

優先順位をつけるのに10分20分もかけては、それが時間ドロボウになるのです。つまり、場合によっては、優先順位をつけないで、サッサと仕事した方がスムーズにいく、速いという状況はあるのです。

●全てがいつでもそのやり方で適しているとは限らない。

これを忘れないようにしないと、効率化のつもりが非効率になりかねないのです。

私の20代の時に書いた本には、いたずらに迷う時間があるなら、英単語でも覚えておけばいいんだ、と少々乱暴なことも書きました。

今はそこまでは言いませんが、迷い過ぎるなら仕事にとにかく着手しましょうと言っています。

別の言い方をしますと、本来の目的、つまり「何のためにするのか」を忘れてはならないということです。

優先順位は今よりも効率的に、段取りをして仕事をスムーズに進めるために行います。

それが時間ドロボウになるのなら、考えるのはいうまでもありません。

# 第3章

# 時間ドロボウを退治するツボ

# 1 ミドルクラスは22分探す

アメリカのあるデーターによりますと、ミドルクラスのビジネスパーソンは、一日平均22分探し物をするとあります。

もちろん、個人で鍵がないとか、ペンが見当たらないというような探し物ではありません。

ビジネスの中での探し物なら、多いのはファイルを探すことでしょう。重要度が高いからファイルしたのに、それが見つからないのは問題です。

「ルール」をキチンと設けていませんと、必然的に探してしまいます。例えば、最新のファイルは常に2とか3とか最新版3、4などとはしません。それですと、どれが本当の最新版かわからないからです。

仮に「段取り」というファイル名なら番号を増やしたとしても、最新は「段取り」にしておけば迷いません。ルールをしっかりすれば、探し廻ることは減るのです。

ミドルクラスですと、他には他部門の人を探すこともあるでしょう。例えば、営業が開発部門の担当者に話そうと思ったとしましょう。メールだけではダメで直接出向きました。しかし、大会社ですと、階が違ったり、プライバシー尊重で仕切りがあり見通しも効かずなかなか見つからない。こんな「人探し」も物でなくても、探し物と言えます。

その他、私的な紙資料探しや、小物探しなども含めますと22分というのはうなずける数字ではありませんか?三日で一時間、一か月で十時間と考えますと驚くような数字になり、まさに時間ドロボウなのです。

## 2　フランクリンも指摘した時間ドロボウ

アメリカ建国時代の科学者であり政治家であったベンジャミン・フランクリン。

彼は、時間ばかりかける非生産的な会議を、時間ドロボウ（タイムスティーラー）と呼びました。そんなにも前から指摘していたのはさすがです。

ちなみに、フランクリンのことばで、20代の私の座右の銘としていたのは、KNOWLEDGE ON ACTION IS POWERです。知識は実行したときに力となる　ということです。

会議が時間ドロボウというのは、私が研修で話し合いをさせても今、よく出る意見です。

時間通りに始まらない会議には、明らかに時間を奪われます。あるいは定刻に終わらないダラダラ会議です。

何も具体的に決まらない会議は儀式のようなものでしょう。定例会議には少なくありません。

もっといえば、そもそも自分が出なくてもいい会議もあります。

事前情報を流し、各自が時間ドロボウ退治を意識して、長引かないように立ったまま行うとか、ファシリテーションを学び、儀式のような会議は見直し、廃止もいとわない。

実は、時間ドロボウは会議に限らないのです。

さらに、詳しく見ていきましょう。

作業に必要な時間、欠かせない準備の時間は時間ドロボウではありません。ですので通勤時間そのものはドロボウではありません。これが電車が事故で停まったとか、乗り間違えて時間がかかれば時間ドロボウです。

電話、メールという通信やコミュニケーションも、長すぎる処理や長電話となれば時間ドロボウと化してしまうのです。

デッドラインのない作業、仕事はよほど意識しないと要注意です。

十時半までには終えるとか、十一時に提出というように、自分でデッドラインを決めることです。

研修をしていても、受講者が休憩のたびにメールチェックしているケースが多くて、することはそれだけでないだろう、と言いたくなります。

が、私自身もSNSを始めたばかりの時はひっきりなしにチェックしていましたから、大きなことは言えないのですが。

アイディアを出す、単語を覚える、ストレッチする、スケジュール確認など休憩中でもメール以外にすることはあります。

時間ドロボウは自分でも作ってしまっている。そんな自覚が必要です。

オフの日であっても、早起きして勉強するつもりが、二度寝したとなると時間ドロボウになります。もともと身体を休めるために二度寝しようと言うのなら別ですが。
ヤル気がでないでボーッとしてしまったとか、職場でないのでちょっと仕事しようかという時に探し物をしたとか。オフであっても気を緩めすぎるといけません。

## 3 退治するには代替案も持て

段取の研修をしている中で、時間ドロボウを如何にして克服するか?を考えてもらう項目があります。

「時間ドロボウの退治策を考えて下さい。ただしアイディアは二つ以上。具体的なもの」というテーマを与えます。

具体的にというのは「○○しないようにする」というのではダメということです。

そうしないと、ただの精神論になりかねないからです。

仮に、オフの日のプライベート。先の二度寝してしまう時間ドロボウを退治する、としましょう。

「二度寝しないようにする」というのはこの場合ダメということです。

「目覚ましを二台用意する」

「起きないと消せないように枕から二メートルはなしておく」

というのが具体的で、二つ以上の解決策というわけです。何か置き換えて考えて見て下さい。

研修会でのこと、あるゴルフ用品の営業担当のマネージャー研修でした。参加者は30名、全てプレイングマネージャーばかりで、自分たちも営業に回るし、部下指導も行う人たちでした。

話し合いますと、全員に共通していたのが営業で外回りに出ると、車の渋滞に巻きこまれると言うのでした。その会社の営業車両は半分にしか当時カーナビがついていなかったのです。

解決策は、当然全車両にカーナビをつけるでした。しかし、付けられなければその案は役立ちません。偶然決定権のある偉い方がオブザーバーで参加していたので、カーナビは全車両についたのでマネージャーたちの、時間ドロボウは解消しました。おそらく売上げは伸びたでしょう。が、もしも偉い人が参加していなければ、他の案がなければ退治できなかったことでしょう。

これは、この会社に限りません。最低でも代替案含めて二つの時間ドロボウ退治策を考えましょう。

## 4 私のプライベートでの例

私は研修では外に出ます。

会社の研修施設、ホテル、会議室など様々です。

執筆は自宅で書くことが多いのです。月に一回程度、温泉に行き、手書きでラフなスケッチ程度原稿用紙に書いて自宅で推敲しながら打ち込みます。

温泉は仕事を兼ねるので、今までは一人でした。今後は充電、楽しみをメインにパートナーと行くことを増やしていきます。その位の家族サービスは、仕事の潤滑油でしょう。

さて自宅仕事なのですが、書斎は静か過ぎかえって集中しにくいのです。

まだ子供の小さいころは、もっぱらリビングが私の仕事場でした。ここで何十冊という本を書きました。来客、子供の遊ぶ声、テレビの音。雑音の中で集中するのが楽しみでした。

しかし、本来の仕事場ではないので、小物をよく探します。何分も「マーカーがない」「あのペンどこいった」とやっていましたから、立派な時間ドロボウです。

そこで、タイムマネジメントの研修にオブザーバーで参加して、私のということではなく、一般論として退治法の意見を受講者にもらいました。もちろん、代替案を入れて二つです。

一つは、探し物をチェックリストに書き見える化する。そして大きなステイショナリーの店で一ダース買う、と言う意見でした。さすがに12あれば探さないはずと言うわけです。私は実証主義ですので、やってみました。確かに探す時間はゼロになり、時間ドロボウは退治されたのです。ただ整理してみるとどうしても11しかないこともありましたが、探さなくなったのでまあご愛敬で、代替案は、１００円のペンはその辺にポイとやって探す。一万円のペンなら丁寧に身近に置くから大丈夫というのです。

これもやって見ましたら、探さないですね。ということで、私の小物探しという時間ドロボウは退治できました。

しかもこんな発見もありました。それは一度退治しますと、あとは特別なことをしなくても、再発しないのです。ぜひ、退治して、その時間を有意義につかいましょう。

## 5　人の時間ドロボウにならない

段取りの研修の中で多いのは、上司から時間ドロボウされてしまう、というものです。

割り込み仕事

世間話、ムダ話、自慢話

説教

デジタル機器の取り扱いの質問

必要以上の打ち合わせ

ノミニュケーション

というように、部下が時間ドロボウと感じている項目があまりにも多いのです。

ただ人間関係の原則は、相手がどう思うか感じるかです。

上司として人間関係を良くしようと話しかけたり、飲みに誘ったりする努力は大したものです。愛情の反対は無関心ですから、部下への愛情は立派、ただし時間ドロボウになるのは避けましょう。

果たして自分が時間ドロボウになっていないか?これは何も上司ばかりではないのです。相手は迷惑と思っても、なかなか面と向かっては言えません。

上司の長話に対しては、

① あらかじめ、断りを入れる。「スミマセン、すぐ出なくてはならなくて5分だけ」というように

② 携帯に出るふりをして途中で離れる

という対策が研修時に出ました。

もしも部下に最近どちらかされていたら、時間ドロボウしていないかとチェックしましょう。

会議も招集する側なら小さいことも、決しておろそかにしないように。5分くらいいいかという遅刻です。そこから、会議メンバーがだらしなくなることも皆無ではありません。短くするために、立ったまま行うとか、セレモニー化した定例会議の廃止・見直しなど小さいことと思っても実行にうつしましょう。

積小為大、二宮尊徳のことばは、時間の使い方にもいえるのです。

# 6 タイムスタディしてみる

仕事を進めていく上で大切なのは、自分のよくある時間ドロボウを見える化することです。

朝の身支度にあなたは、どの位の時間をかけていますか?

私が20代の頃にタイムマネジメント研修の参加者で受講した時のことです。タイムスタディという時間の使い方の分析をしました。

すると、周囲の受講者に比べて明らかに、朝の身支度の時間が長いのです。

朝シャンもしていないし、メイクをするわけでもない。それなのに長いのです。

よく他の受講者の話を聞きますと、彼らが前の晩にしていることを、私は全部当日の朝にしていたのです。当然時間がかかるわけです。

カバンの中身、準備

着ていく服

していくネクタイ

履いていく靴
その他ハンカチ、小物類
朝にまとめてやるから大変でした。これも小さいながら時間ドロボウでしょう。
仕事のオフ、オンの典型的な一日の時間の使い方を分析します。項目は、
仕事
睡眠
食事・休憩
通勤
運動
自己啓発・学習
テレビ、ゲーム、インターネット、SNS
ボランティア
その他
のようにして、可能なら分単位で記録して見える化します。

その上で、次の二項目を調べます。

一、必要なことに十分時間がとれているか

一般には、睡眠、運動、学習の時間が不足しがちですが、あなたは大丈夫？

二、時間をかけ過ぎている項目はないか？

これは、インターネット、ＳＮＳ、テレビを挙げる人が多いです。これは、そのまま時間ドロボウなのです。

私もFACEBOOKを始めたては、明らかに時間ドロボウでした。最近は時間はとらないのですが、既読なのに何で返事が遅いかなというのでLINEに気をとられることがあります。中学生並みかなと思います。

もう一つ、タイムスタディを行った後でしてもらいたいことがあります。それは、できたら異業種の方によく観察してもらい、気付いた点をハッキリ指摘してもらうことです。

先日もある飲料水の会社で配送の方が指摘を受けていました。

「昼食が短かすぎるのでは」

と言われた方は5分、同じ会社の方は10分、15分と共通して短かったのです。そして本人たちは、他の会社の方から指摘されるまで当たり前と思っていたわけです。

業界、仕事が同じですと、ちょっと普通でないことも見えなくなっているのです。

その点、異業種の方のフィードバックは大いに役立ちますよ。

## 7 退治して得た時間は贈り物

時間ドロボウでムダに費やした時間、それは、退治したなら全てがあなたへの贈り物となってくれます。

それは、贈り物として大切に使うことです。

いけないのは、あまり考えないことです。

考えないと、そのままその時間に仕事を入れてしまいます。どうなりますか?そう忙しくなります。つまり、大切な時間を生み出すために時間ドロボウを退治したのに、再びバタバタして、さらなる効率化を実行しなくてはならないのです。

忙しい→効率化→ゆとり→忙しい

とせっかくの、使える時間がゆとりにならないのです。

つまり、時間ドロボウを退治して、贈られた時間に仕事を考えなく入れるなとなります。

このあたりは人生そのものにも関わりますので、最終章に詳しくまとめてみます。

時間が足りないと思ったなら、まずは時間ドロボウを退治して、使える貴重な時間を捻出しましょう。そうでないと、結局どこかからひねり出す羽目に陥りますよ。
私が段取りの研修を始めた20年以上前は八時間たっぷり眠ると言う人は、受講者の三分の一はいました。今は平均六時間代、四時間代の人もいます。といっても20年前よりも眠らないでいい体質になったのではありません。時間捻出がうまくできなくて結果として、睡眠時間を削っているのです。
ここまでの三つのツボ（急所）
全体展望する、優先順位をつける、時間ドロボウを退治する、の実行でも、睡眠を減らさなくても仕事はこなしていけるはずです。
今までは能力はあっても、これらを知らなかっただけです。
先のアメリカ建国時代のベンジャミン・フランクリンのことば、
KNOWLEDGE ON ACTION IS POWER
知識は実行したときに力となる、を胸に刻み、成果を出してください。

# 8 必要時間は時間ドロボウにあらず

段取の研修で、時間ドロボウにはどのような物があるかと質問しています。

「通勤時間が時間ドロボウです」

「パソコンが立ち上がるまでの間」

という声もよくあります。

ただ、時間が少しかかっても、「必要な時間」そのものは時間ドロボウとはいわないのです。

通勤時間そのものは通勤しないと仕事に行けない場合は、必要な時間です。近くに引っ越すとか、通勤ルートを変えることがあっても、必要な時間なのです。

パソコンも機種を変えて時間短縮はできても、立ち上げるまでの時間は必要です。

問題は　必要以上にかかるということです。ただし、何分以上が必要以上と決めることはできません。状況次第です。

用件のみの伝達なら、電話で話すのは時間ドロボウにはなりません。しかし、コミュニケーションをよくするために世間話をしようとすると、時間ドロボウになる可能性があります。

2～3分なら必要でも、20～30分となっていけば、必要以上の時間ドロボウになるわけです。

線引きは具体的にできないものの

●必要なことも必要以上に時間をかけると途端に時間ドロボウになる　と覚えておきましょう。

# 第4章

# スケジュールを組むツボ

# 1 スケジュールを自由に組める時間

会社で仕事をしていますと、すでに自分では動かせない時間があります。

定例会議が予定されているとか、研修会で2日間缶詰めとか、取引先の社長が来社というように「ブッキングされてしまった」時間です。

もしもスケジュールを自分で組むのなら、それ以外の時間で組むことになります。

比較的自由度があるのが、私のような自由業に近い人です。

研修や講演は日時指定ですが、それ以外は自由に組めます。

ちなみに私の必勝パターンは、5時に起きて身支度のあとは散歩やストレッチ、その後昼を食べる13時あたりまで執筆。ここで8時間経過しています。

その後は、営業・プライベート含めて人と会い会食、飲むなどで一日を終わります。すでに昼の時点で執筆という優先度の高い仕事をこなしていますから、あとは自由に過ごしています。人と会わない日は、映画館に行ったり読書したり、充電に励みます

逆に、終業中、なかなか自分の自由にはなりにくい職種の方もいます。

工場で朝から品質管理で中に入り、あとは分刻みで何をするのか決められている方もいます。ですので、他の方よりも、オフの日のスケジュールが重要になります。あるいは、私のクライアントにＪＲの運転士の方も多数います。勝手に電車を動かすわけにはいかなくて、工場勤務の方と似ているかもしれません。

クリエイターの方はかなり自由度が高いです。以前ゲームソフトのクリエイター集団相手に研修しました。

いつも出社時間自由、服装も自由。しかし、時間の決まった集団の研修ですと、彼らの良さが出にくいと感じたものです。

人によって、スケジュールを組める自由度、裁量の幅が違います。

しかしだからと言ってノープランでいますと、前に見ました、想い付き仕事になりかねないので、注意しましょう。

# 2　プライムタイムを外さない

同じように時間をかけるなら、できうる限りの成果をあげたいものです。

いわゆる、ROI

Return

On

Investment

投資効果といえばいいでしょう。かけた時間に対しての成果の度合いです。

ビジネスで考えますと、大前提は人間が行うことであり、しかし「均一なパワーが出せる」と考えます。

現実には人間は機械ではないので、常に均一なパワーは出せません。これを考えに入れないとなりません。

魔の時間帯というのが、食後すぐです。昼を食べますとどんな人でも消化しなくてはいけません。

ごはんをお腹いっぱいに食べたら、当然胃腸に血液がいき眠くなるので　魔の時間、と呼ばれるのです。

研修講師なら、この時間に講義だけするのでなく動きも考えないといけません。ストレッチやクイズ、話し合わせることなどを入れて、導入しないとならないのです。導入はアイスブレイクと言いますが、欠かせません。

あるいは夕方になり、心身の疲労が高まっている時間はどうでしょうか？

これも、先のＲＯＩは低いでしょう。集中しにくい時間帯なのです。

「残業しようかな、どうしよう」などと考える時間に複雑なことは考えにくいでしょう。

また、人間は感情の生き物です。契約が取れた、得意先や上司に褒められたなどと気分のいい時は成果が上がりやすい。

この時には、ウキウキしてのうっかりミスに注意したら生産性は高いのです。この時を成果を出すために活かしたいものでしょう。しかし、いついい気分になるのかは、ハッキリ時間がわからないですから、スケジュール化しにくい。そこで登場するのが、プライムタイムの考え方です。

最少の労力、投資時間で最大の成果をあげる

この頭がさえていて、能率のいい時間帯がプライムタイムです。これには個人差は当然

あります。一人一人、バイオリズムが異なるようなものです。

一般には、頭脳労働は午前中の90分前後。あとは、そこまでいかずとも、一日では比較的能率がいい第二第三ぐらいまではプライムタイムはあります。

これらを自分でよく知り上手にスケジュールを組むのが大切です。

## 3　プライムタイムの見つけ方

では、どのようにしたら仕事の中でプライムタイムを見つけられるでしょうか？

一　同じ程度の中身、難易度の仕事を用意

二　時間帯を変えて同じ時間してみる

三　最低三回行い、ＲＯＩの高い時間帯を選ぶ

この手順に従って、私は原稿書きをしてみました。

私の先入観では、深夜が一番かなというものでした。静かで来客もなく、邪魔されずに執筆に集中できると言うのが理由です。

しかし、実際には深夜、早朝、昼間と言う時間帯で三回しましたが圧倒的に早朝が、私

の場合はプライムタイムでした。

それ以来、原則として執筆は早朝と決めて書くようになりました。何も確認しなければ、今でも私は、深夜に能率が悪いのに執筆していたでしょう。確かに深夜は、仕事をした疲労感があるので、はかどっている印象も加わったようです。しかし圧倒的に深夜が良いのがわかった今、来年は年間出版13冊の自己記録を更新すべくプライムタイムで成果を出すつもりです。深夜に原稿用紙が20枚としますと、早朝はだいたい倍の40枚は書けます。速い部類だとは思いますが、上はいます。

例えば、瀬戸内寂聴氏は90歳の時点で毎日40枚書いていました。私と同じ50代であれば60枚くらいは楽にこなしたはずです。まあ作家の場合はスピードよりも中身勝負ですからスピードを競うのは愚かでしょうが。

あなたの仕事であれば、やはり時間をかけずに成果が出たら喜ばしいことでしょう。まずは、先入観を取り去りプライムタイムを知ることです。

## 4 プライムタイム中心に

すでに優先順位については述べました。仕事の進め方のプロは、まず優先度の高い仕事を選び出します。

これを、スケジュール化するのですが、ただやみくもにはしません。

最も望ましいのは、プライムタイムに集中して優先度の高い仕事を入れるのです。

避けるべきは緊急でない仕事、重要でない仕事をプライムタイムに当てはめることです。

せっかくのプライムタイムがもったいないでしょう。

全くこのあたりを無視してしまうと、せっかくのプライムタイムにあまり大事でないミーティングをしてみたり、メールのチェックをするようなことになりかねません。

そして、プライムタイムが過ぎて、能率が下がってきたときにわざわざ重要度の高い仕事にとりくんだりするのは、改めたいものです。

無自覚でいると、このような愚をくり返し、仕事にいつも追われることになるのです。

これは時代が変われど、忘れてはならないポイントです。

私の40代のベストセラーのタイトルが、

『時間に追われる人、仕事がラクラク片づく人』でした。

この時もプライムタイムの重要性を説いたのですが、仕事を楽々こなすには、今でも変わらずに意識したいことなのです。

## 5 仕事のスケジュール三大ポイント

1　ゆとりを持つ

2　ブランク・考える時間を入れる

3　プランB（代替案）を持つ

これが、プライムタイム中心に組む、の他にスケジュール作成で守るべき大きなポイントです。

この3つを守りませんと、実際には使えないスケジュールになるので注意しましょう。

研修の中でだいたい二割近い人が、スケジュールを立てたものの、実際に使えないので辞めたと言います。

つまり重要性はわかっているのですが、実践に向かないスケジュールだったのです。

まあ中には、単に面倒だからと言う人もいないではありませんが。

プランはラフ、スケジュールは緻密という言い方ができます。

例えば、シンガポール旅行のプランとか、結婚式のプランを思って下さい。

大きくは、夏休み、秋の大安の日
とか着物でとかドレスでとか、何泊かなどというのはプランです。

スケジュールになると、時刻の設定は不可欠ですし、どの飛行機、会場は何階の何の間、と言うあたりまで具体的にハッキリさせます。

プランなら、マーライオンとニュートンサーカスに行くくらいで十分でも、スケジュールとなると、移動手段や時間の割り振りがないと動けません。

つまり
手帳に書きこむ位の具体的なものがスケジュールなのです。

三大ポイントの一に、ゆとりを挙げました。どうしてもスケジュールというと、学校の時間割りをイメージする人は多いのです。

一時間目が国語、二時間目が算数、というようにびっしり詰め込みます。ゆとりがほとんどないとどうなるでしょう?

ビジネスでは突発的に起こることはいくらでもあります。

急にクレームの電話がきた、上司が外出先から遅れるので、代わりに顧客対応することになった、頼まれ仕事をしなくてはいけない等いくらでも「時間割りにないこと」をしなくてはなりません。ゆとりはその時の保険にもなります。そして、心の余裕にも通じます。

私の失敗談を一つ。

主な仕事は、著述と研修講師です。研修がオフの日にまとめて執筆したり、仕事やプライベートで人と会います。

その日は続けて、編集者と研修担当者に併せて夜までに5人と会う、詰め込み過ぎのスケジュールでした。今は極力、同じ馴染みの場所を指定して、先方に来てもらっています。移動なしなので、効率的です。

が、当時はそこまでわがままは通せず、5か所に移動することになっていました。

一人目の編集者との打ち合わせが終わり、次にそろそろ移動する時間です。ところが、編集者の方をよく見ますとかなりのアスリート体形なのです。

「アレ？…大平さん、何かスポーツやっていますか」と尋ねますと。「実はボクシングを大橋ジムでやっていてプロボクサーなんです」と言います。しかも下の弟二人もプロボクサーと言う話に花が咲き、次の場所についていなくてはならない時間になっていました。

結局残り4人に、遅刻連絡とニセの理由を知らせ、なおかつ申し訳ありませんから話しに入るので、始めから劣位での対話になり散々な一日でした。スケジュールにはゆとりを！　当たり前ですが改めて強調したいのです。

# 6 マネージャーは考える

どうしても仕事のアポで時間をとりますと、肝心の「一人で考える」という、段取り・仕事のプロには欠かせない時間がとりにくくなります。

ピーター・ドラッカーのことばに、「マネージャーの仕事は仕事をプランすること」と言うものがあります。

分刻みのスケジュールで動く前に、考えるべきことはあります。走る前に、プランするのです。

仕事の今後の方向性
仕事の進め方の改善点
5年先の自分の将来像
仕事の短期・中期・長期の目標
部署内の人材育成

など、忙しく立ち回る前に、合間に時間をとって必ず考える必要があります。

以前研修したＩＴ企業では、机の上に「THINK」と言う標語が飾ってありました。

マネージャーでなくとも、仕事をただこなすのではなく、考える時間をとりましょう。

私も執筆が波に乗りますと、何時間でも書いています。それでも、チョット休憩と言う合間には、ストレッチ、呼吸法、筋トレと合わせて考えるための時間をとっています。

たとえ5分でもいいのです。考えましょう。

仮にあまり考えられなくても、ブランクの時間として空白にしておきます。何も予定をいれないのです。

イザという時には、そのブランクの時間を割り振れば、いい保険になります。

マイクロソフトのビル・ゲイツも、現役時代はTHINK WEEKという考える週を設けていた位です。もっと考えましょう。

## 7　プランB（代替案）を持て

スケジュール作成の三番目のポイントがいわゆるプランB、代替案のススメです。

一つのみのスケジュールというのは、いわば小学生の時間割りです。ビジネスでは、この時間は国語だけ、次は算数だけのように単純ではすまないのです。

大人のビジネスパーソンには、割り込み仕事は普通にありますし、代理で急に仕事があるのも珍しくありません。

別の言い方をしますと、差し替えを想定したスケジュールを組むことです。

もちろん、裏帳簿のように全てのスケジュールに代替を準備しておく必要はありません。それですと、スケジュール作成が時間ドロボウになりかねません。

重要度の高い仕事

出張などすぐに会社に戻れない状況等、もしも代替案がなければその時間がムダになる時にはあらかじめプランBも考えておくのです。

例えば、東京に普段いる人が、営業で地方に出るとしましょう。20年前には一泊でゆっくりできた出張が、交通手段が増えスピーディになり、日帰りも増えましたね。予算削減も影響しています。

先方も人間ですから、急病で会えない可能性はゼロではありません。

不測の事態はどこでもあります。担当者に会えなかったらどうしますか？もしもスケジュールが一つなら、最悪「会えませんでした」という子供のおつかい状態になるのです。前日や当日の確認は当然ですが、それでも全ては防げないし、相手次第ということもあります。

万一に備える。これがプランBの必要な理由です。

出張先近くで顧客への挨拶回り。実際に東京から来てくれたというのは相手の　自己重要感　を満たします。

友人がいれば旧交を温めるとか、マーケットとして有望なら新規開拓するとか、事前にプランBのスケジュールとして準備しておくのです。

どうしても、咄嗟にスケジュール変更となりますと、慌ててしまいがちです。冷静に判断して適確に行動するには、まさに備えあれば患いなしです。

イザという時の、予備の行動プランを持っておきましょう。

さらに余裕があれば、プランC、プランDがあっても構いませんよ。

# 8 自分アポで安心して取り組む

評論家の大前研一氏が、以前、時間の使い方で紹介していた方法は、「ナルホド」とおもわせてくれました。

前の年に翌年の年間スケジュールをたてるのだそうです。その時に通常は、仕事のアポをまず先に入れていき、余った日にちに仮のプライベートのアポを入れます。

私もその方法でやっていましたが、キチンとしたポリシーがないと、やはり仕事優先になりがちです。

何回家族旅行が犠牲になったでしょうか。しかも年間200回の研修を何年も続けていた時には、全て娘の遊びは妻任せです。仕事人間の私は、ですので、いまだにディズニーランドもディズニーシーも行ったことがありません。自慢にはなりませんが化石みたいなものでしょう。

さて、大前氏のやり方は違います。まず最初にプライベートを埋めていきます。家族も含めて、プライベートのアポなので　自分アポ　と言います。

冬はオーストリアでスキーをします。このあたりに三泊しよう。夏休みはバリ島、ここは思い切って一週間。というように、どんどん埋めていきます。

残りの日に仕事アポを入れていきます。が、すでに家族サービスも、自分の遊びは確保しているので、いくら仕事を入れても大丈夫なのです。

私はどちらかと言うと、この方法で行けます。

このままではなくても、自分アポを先にとり、プライベートも考える。逆転させて、ときにはプライベート優先でいいのではありませんか。

私はいろいろあって、パートナーとは年齢差が大きいのです。が、今は大前氏のようなプライベート優先のスケジュールをかなり取り入れて、人生を謳歌する時間を意識してとっています。楽しみです。

どうしても完全に仕事アポと自分アポの逆転が難しい方もいるでしょう。そんな方は一週間に一日、20分でいいので聖域を設けましょう。

そこだけは自分アポで何も他を入れない自分時間をもつようにするのです。

## 9 スケジュールには性格も関係する

スケジュールを立てるにあたっては「性格」も考えておく必要があります。

私の父は故人ですが、銀行に30年以上勤めていました。とても几帳面で、スケジュールも分刻みで立てて安心するというタイプでした。

小さい頃、弟と一緒に遊びに連れて行ってもらうと、遊びに盛り上がった時によく「次に移動する時間だから」とスケジュール優先で手を引っ張られたのも一度ではありませんでした。

しかし、父本人は分刻みが動きやすかったのでしょう。

男親への反抗もあったのかもしれませんが、私はどちらかというと、ラフでアドリブを効かせたスケジュールの方が動きやすいのです。

そもそも研修講師になった理由の一つが、毎日同じ時間同じ電車に乗らないでいいという自由さにありました。今も大阪、名古屋、福岡というように週に何回も違う企業や団体にいけるのは楽しいのです。

スケジュールをたてるときには、自分のタイプ・性格も考えてムリなくいきましょう。

# 第5章

# スキマ時間を活かすツボ

## 1 スキマ時間にどう対処するか？

英語でTIMEHOLESと呼ばれる時間があります。時間のぽっかり空いた穴、のようなスキマ時間です。

何時間と言うのではなく、10分、15分という端数の時間と言えます。

例えば、仕事の訪問先で、

「スミマセン、会議が長引いていまして、あと10分おまちいただけますか」

「まだ部長は出先から帰らないので、会議室でお待ち下さい」

などというのは、スキマ時間の典型です。

いつなのか基本的に予測できないのです。

相手の都合なので自分ではコントロールできないのです。

というのがスキマ時間の特徴です。ただし毎日何回かは必ず起こります。

また、相手が人だけとは限りません。機械のトラブルで回復を待つまでの時間です。電車の遅延、渋滞などもスキマ時間を生みます。突発的なことは、容易にスキマ時間になります。

この原稿を書く前にわずか数駅先に所用がありました。ところが、車両のトラブルで10分ほど車内に閉じ込められました。自分で電車は動かせないので困りました。

後に原稿書きという重要な仕事を控えており、何もせずにボーッとしていてはもったいないでしょう。

この時間は突発的なので、スキマ時間をスケジュール化しておくことはできません。しかも自分で退治もできないわけです。

対応策はただ一つ。

「もしもスキマ時間が生じたら何をするのか」をあらかじめ決めておくことです。そしてイザという時には、それを一つ一つ実行していけばいいのです。

もともと長い時間ではないので、その時になって「何をしようかな」とモタモタしていると、スキマ時間は終わってしまいます。結局何もできなかったということになります。

広義に考えますと、自分がつくり出しているのではありませんが、時間ドロボウと言えます。ただ、時間ドロボウなら退治策、克服法でそのものをなくすことは可能でしょう。

これは、すでに述べた通りです。

突発的なスキマ時間は、そのものは退治できない。また、10時から15分スキマ時間とスケジュールしておくこともできません。どうしたらベストでしょう?

## 2　ベストの対処法はこれ

スキマ時間を活用していく上で、やってはいけないことがあります。しかし、実践していない方が時々本で紹介しているのを見ます。

この先生、本当は実践していないなとすぐわかります。仕事の時間帯、質が無視されているからです。

重要度の高い仕事は、決してスキマ時間にしないことです。

これが鉄則です。難しく高度の判断が必要です。私なら最優先の執筆は、スキマ時間にはできません。前にどこまで書いたかなと想い出すだけで終わってしまいます。

同様に通勤時間の行きと帰りに分割するというのも、優先度の高い仕事には向きません。単純な記憶やルーティンワークなら分割もいいのですが、難しい頭を使うことは状況が適していません。

結論としては、

あまり頭を使わなくていい

ファイルの必要のない（重要度が低い）
急ぎではない
集中しないでもできる
というような、いわゆる優先順位の低い作業仕事をあらかじめ用意しておくのです。
これは、時間を分割して使う時も一緒です。端数の時間はやさしい、優先度の低いことをしましょう。重要で集中する仕事は、まとめて一気に手をつけます。
他で触れたようにタイムイズマネーというようには時間の質は全く等しくはないのです。10分の細切れ時間は6回でも、一時間集中してまとめた時間にはかないません。

## 3 通勤は往復ですることを変える

その昔、経団連会長だった土光敏夫氏が通勤電車の中で、部下が新聞を読んでいるのを発見して、出社してから叱りつけたという話があります。

理由は情報収集は電車に乗る前に自宅で済ませて、車内では「経営のプランを練る」「発想を出す」「考える時間にする」というアウトプットの時間にせよというわけです。まだ一日の仕事を始める前ですから、仕事疲れもなく、頭も冴えている時間ですので、ここにインプットではもったいないのです。

帰りの車内では、単純な記憶、インプットをしたらいいのです。インプットは帰り、往きは創造力を使うアウトプットの時間にせよと私は考えています。

通勤電車で新聞を読むのは仕事のデキない人です。

ちなみに、土光氏のことを「ツチヒカリ」といった編集者がいました。彼を見た時、編集者の勉強会をするのが急務と、松本塾を発足させて、何年か編集者のスキルアップに尽力したことを思い出しました。余談ですが。

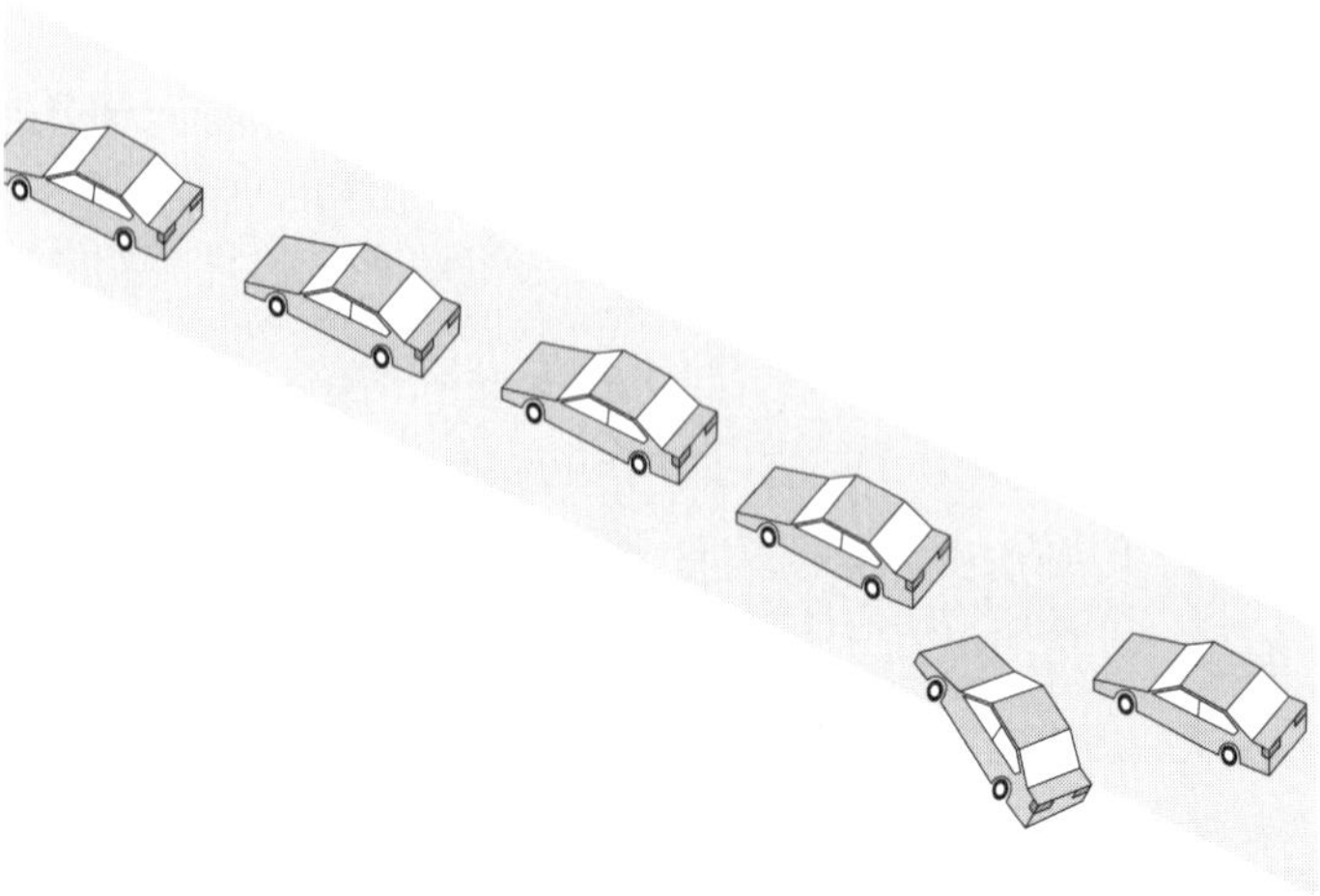

## 4　するべきことはリストアップしておく

20分以内でできること

特に頭を使わなくてもできること

時間があればやろうとおもっていること（緊急度が低い）

ファイル・保存する必要がない（重要度が低い）

すぐに着手できること

このような仕事・作業をスキマ時間にすることをリストとしてまとめて見える化しておきましょう。

TO DO リストを作って仕事をする人は思ったより多くいます。日々のスケジュールは作成していないけれども、TO DO リストはキチンと作り、仕事をするという方は、研修会ですと4割近くいます。段取り研修を自主的に受ける方ですから問題意識が高いのもあります。

しかし、それを引いても、スケジュールは立てなくても、その日にすべきことがわかっている人、リスト化する人が多いのは喜ばしいことです。

ただし、スキマ時間であろうとも、外出先でパチンコ屋はダメです。パチンコ店は研修することもあり、そのものは文化にもなっていて価値はあります。が、スキマ時間にレジャーはよくないということ。そのあたりは、常識での判断です。

書店に入って経済書のベストセラーに目を通すのはよいでしょう。これ以外でも、外に出たなら、ながら式に、ついでにできることなら、小物の買い物も含めてやってしまいましょう。

もともと、スキマ時間は予期していない空き時間です。

小物を買うのでも、どうせいつかするのですから、リストに載せましょう。

スキマ時間にするべきことのリストを作る。これは、飛行機のキャンセル待ちのイメージに近いのです。

500人乗れるジャンボジェットは、たとえ定員にまで予約で一杯でも、当日までにキャンセルは必ず出ます。飛行機を空席のままにしないためには、キャンセル待ちのリストは不可欠です。

必ずキャンセル客は出ますが、誰かはわからない。

必ずスキマ時間は生じるが、いつなのかはわからない。

ですからリストにしておくわけです。イザという時に慌てるのでなく、することがわかっていたら、うろたえないで済むのです。

## 5 スマホも活用しよう

研修の中で、スキマ時間の活用法を考えてもらっています。研修も10年変わらない基本もあれば、時代に併せて変えていくこと、最新のアイディアを取り入れる部分もないと、実践的ではありません。

実際に使えなくては意味がないというのが、私の研修をしていく上での信条です。

ここ数年見かけるようになったのが、スキマ時間になったら「スマホを活用する」という意見です。研修講師たるもの、教えるだけではいけません。いいアイディアと認めたら、どんどん取り入れなくてはいけません。実証的であるとは、そういうことです。

天気の確認をする

移動時間・乗り換えのチェック

訪問先企業の情報を得る

SNSで緊急情報がないか調べる

スケジュール確認

というように、以前ならボーッとしていたスキマ時間も、スマホ一つで有意義な時間に変わるのです。中には、この時間に自分のセールストークを録画して、チェックして見るという意見もあります。これなどは、スマホのない時代には考えられないアイディアでしょう。

現に、以前は機材や音声、照明など大がかりになるので、プレゼン研修では、中々自分のプレゼンを撮って反省するのができにくかったです。が、今は手軽に隣の席の人がカメラマンになり、手軽に撮り合っています。

話し方のクセ、ジェスチャー、アイコンタクト、表情など講師の指摘以上に、参加者は納得するのです。

デジタルでのスケジュール管理は普通でしょう。他にも、スマホの活用法を考えて、ぜひ、スキマ時間を有効につかいましょう。

## 6 スキマ時間は退治でなく対処

結論から述べます。スキマ時間は退治してゼロにはできません。相手、環境が左右してきますので退治できなくどのように対処していくのかがポイントです。

しかも、対処はすぐにしなくてはなりません。ちょっと考えているうちにすぐに終わってしまうような短い時間だからです。前の項で述べた、やるべきことをあらかじめ書いておき、イザという時にサッと着手する。スマートにできます。

ということは、勿論書くだけでは不十分で資料、必要な物があれば持ち歩くまでの準備も欠かせません。特に社外ではそうです。

意識して何もしない、目を閉じるというのも　アリ　です。休憩・リフレッシュ・充電に当てると言う意識で行うなら、いい時間になるでしょう。

スキマ時間をチャンスととらえてストレスを軽減して、リフレッシュをはかるのは、良い手です。禍を転じて福となす、の通り時間ドロボウを心身の健康作りの時間にしてしまうのです。

ストレッチしたり、吐く息で副交感神経の刺激でリラックスできる深呼吸をしたり、積極的につかいましょう。さて何をしようかなというよりも、はるかに生きた時間の使い方です。

リスト化したするべきことに着手

休憩、リフレッシュを意識する

この二種類の実行で、もうスキマ時間はこわくありません。

また、心の栄養に大自然のイメージもオススメです。一人で山・川・海・草原・日の出といった動画でも静止画でも眺めるのです。

これは、スキマ時間に限らず、毎日3分でいいので、大自然に包まれている自分を、ゆったりとした気分で味わいましょう。私はちなみに、それに加えてアロマを味わい、嗅覚からもリラックスに努めています。ラベンダーやオレンジなどの、自分のお気に入りの香りは、回復効果は高いです。

始めは心の中で
「心がなごんでいく」

「ゆったりして気分がいい」

などと黙唱すると早くリラックスできます。慣れてきますと、実際に画像がなくても、自然をイメージするだけで、同様の効果が得られますよ。私は禅僧の描いた富士山の絵でリラックスする訓練をしたので、今ではその富士山を軽く目を閉じて想うだけでリラックスできます。10秒とかからないのです。

見ただけでリラックスしてみたい方は、『1分間セラピー』（リンダパブリッシャーズ）を参考にして下さい。

# 7　時間の先入観をとりましょう

タイムイズマネーといいますが、貴重なものということでは正しい。しかし、全く同じではありません。

お金なら貯めておいてあとでまとめて使えます。しかし時間は15分を4回まとめて一時間とはなりません。スキマ時間の15分が過ぎますと、なくなってしまうわけです。

一日24時間。これは物理的にそうです。が、それが全部使えるわけではありません。睡眠、仕事、食事、通勤と差し引いていきますと、使える時間そのものは数時間もあればいい方です。

「一日に新しいことを始める時間はほとんどない」と言う自覚が必要です。仕事が長い人は多くいます。一日13時間以上働いている人が段取りの研修をしますとゴロゴロ出てきます。ほぼ何かをしようと思っても、物理的に睡眠を削るくらいしか捻出できないのです。本書をここまで読まれて実践されていたら、仕事時間を減らし、しかも成果を出せてきているはずです。

使える時間はどの位か？常に自問して、思いこみにとらわれず、時間の質をたかめましょう。

# 第6章

# 仕事を見える化するツボ

# 1 OUT OF SIGHT OUT OF MIND

20代の頃に、タイムマネジメントのセミナーを受けました。

当時はアナログの時代で、まだパワーポイントもキーノートも存在しておらず、なにしろインターネットは普及していない時代でした。

ですので、手帳やノートに大切なことは自分で手書きしていました。今振り返りますと、当時の方が、書いたことをしっかり記憶できていた気がします。携帯電話もないので、大切な取引先・友人等の電話は、誰でも20件くらいは暗記していたのではないでしょうか。字で書くことがなくなり、携帯の普及で記憶することがなくなり、明らかに記憶力は衰えました。漢字も変換したらいいと、やはり記憶しなくなっているでしょう。身体と同じで、使わないと衰えます。廃用性委縮です。

さて、そのタイムマネジメントのセミナーでこういう言葉を習いました。会わずに目に触れないでいると忘れられてしまう。去る者は日々に疎し。OUT OF SIGHT OUT OF MIND です。

セミナーではこの言葉を直訳的に、目に触れないと忘れるということで、視覚化・見える化が大切ですよ、と教えていました。ナルホドと思ったのです。記録しろ、メモしろ、書き出せというのが大切なのです。書いておけというのは、確かにクラシックでしょう。しかし、クラシックは伝統であり時代を経ても続き、守るべきものなのです。

私は通常執筆は手書きです。なぜなら一番速いからです。最近はその後に、推敲を兼ねて打ち直しています。意外に一度手書きするという人が多いのを、書き方のセミナーを行った時に気付きました。

万年筆でも、ペン、ＰＣでも、それは書くための用具にすぎません。私は、ただそれが一番速いと言う理由で一時期は、

本の原稿は手書き

雑誌はＰＣ

ブログはガラケー

と使い分けていました。今はキーを叩くガラケーよりも、指さきでこするスマホのスライドが遅いので、ブログもＰＣで打ち込んでいますが。ポイントは見える化できれば、あまり物にはこだわらずに、スピード・効率重視で仕事を進めるということです。

ただ年齢を重ねますと、効率のみも寂しい気分がするので、イタリアのM社製の万年筆で書くこともあります。その重厚感や気品は物にこだわるのも悪くないなと思わせてくれます。

物へのこだわりは別として、まずはとにかく書く、ことです。

**書いておくと忘れない**
**↓**
**行動につながる**
**書かないと忘れる**
**↓**
**行動につながらない**

というシンプルな図式となるわけです。

いつの時代でも、行動なくしてビジネス成功はないのです。

## 2 情報は一元化せよ

デジタル、アナログ問わず、情報はバラバラに集めておきますと、なかなか活用できません。

私の情報収集はアナログですが、しかし必ず「一元化」しています。

「これは使えそう」「いいネタになる」と思ったら、雑誌でも新聞でも、飛行機・新幹線、電車の中問わずビリビリと関連部分を破り取ります。やや乱暴ですね。

丁寧にカッター、はさみでは切り抜きません。そこには気を配らずに、とにかく情報を手元におくのです。

私には今は秘書はいません。このビリビリ作業はあくまでも　私が興味を感じたところですので、秘書、他人が代わりにはできないのです。

さて、その切り取ったネタをどうするか？よくあるのは、「松本先生は２２０冊も本を書いているからファイルも膨大でしょうね」とか「蔵書ものすごい量でしょうね」といった質問です。

本は、月に100冊ほど読むのをノルマにしていた貧しかった頃、木造アパートの2階にいたのですが本のあまりの重量に床が沈下して一階の天井が落ちかかったことがあります。本そのものを集める趣味がないので、資料で読み終わったら処分しています。いたって普通の量しかありません。

ファイルは、研修で使う必要最小限です。

ビリビリ切り取った記事の類のネタは、全てひとつのダンボールに投げ込みます。

整理術もハマってしまうと、整理そのものが目的になりかねません。情報はあくまで、使うことに意味があります。あとは、特に時間を決めずに見直します。手に取った記事を見るわけです。

無作為のチェックですから、しかも全て同じダンボールの中なので、何が出るかわかりません。

スポーツ、政治、ビジネス、ホラー、格闘技、人物論、UFO、演劇とカオス状態でごちゃまぜです。昔の体育会系の闇鍋のようなものです。暗がりの中で、極端に言えばタオル、スリッパなども混入された鍋をつつくようなものです。

ある時、フルコンタクト空手の記事がありました。手による顔面攻撃を禁じたので、かかと落としやブラジリアンキックなど、足技が極限にまで進化しました。

たまたまボクシングの記事があり、発想は広がります。投げる、蹴る、締める、頭突きなど、殴る以外禁止。すると、殴り方、よけ方は極限にまで進化しています。

つまり、制約をつけるとその中で進化・発展していくのではないか？と発想が広がり、原稿のネタにもなりました。これは、大橋ジムの大橋秀行会長にも確認したら同意されたのでただしいでしょう。制約を設けると進化していく。

私はその後に、プレゼンのトレーニングに取り入れました。スライドを駆使していくプレゼンで、スライドを使うのを禁止にしたらどうか？おそらく話す力、スピーチ力が進化していくと考えました。こんな思いつきが試せるのも私にスピーチドクターという肩書きがあるおかげでしょう。

そして、スライドなしで説明、説得ができるようになると、本番のスライドありのプレゼンが格段にうまくなるのです。

このケースのみならず、私の本のテーマは人物伝、仕事術、メンタルヘルス、整理術などかなり広範囲を書いています。

その秘密はこの一元化した情報が秘密です。あとは、組み合わせて、着想・発想していくコツをつかめばよいのです。

## 3 見える化するものは何か?

次のようなものは、是非見える化しておきましょう。

●TO DOリスト(その日の内にやるべきこと)

●TO DOリスト(その週の内にやるべきこと)

これ以上細かくその月、年度、期などを毎日書くようにしますと、それが時間ドロボウになります。

以前フランスの手帳会社で研修したことがあります。そこで時間ドロボウを上げてもらいますと、毎日DAILY WEEKLY MONTHLY　のプランを書かねばならず、その時間が馬鹿にならないというのです。時間ドロボウなどを防いでスムーズに仕事を進めるための手帳なのに、やや本末転倒ですね。

ちなみにフランスの手帳は、一年を52週に分けて、それが行動の基準になるようにできています。

アポも「じゃあ27週の水曜日に」「48週の木曜」といった具合に進めます。365日ではなく、一年を52週で眺める発想。

2週間の休暇は一日単位なら長くても、52週の中と考えたら長い気はしません。むしろリフレッシュのためには必要とさえ思えてきますね。他にも、書いておくべきものとしては欠かせません。

●思いついたアイディア

クリエイターであれば、何度も体験したことはあるでしょう。私もよくあります。それは、アイディアを思いついて書いておかなかった時のことです。家に戻り何だっけな?となった時に思い出せない。愕然とします。大発見、素晴らしいはずだったのに、何がすごかったのかわからない。そんな悲劇を避けるためにも、小さな思いつきも全て見える化するのです。録音も良いですが、やはり私たちは、視覚情報になれているので、書いておきましょう。

すでに何十というアイディアを、想起できなかった自戒も込めています。

私の場合は、ネタを書いておき著述やスピーチでも使います。ですので、咄嗟にレストランの箸袋や紙ナプキンに書いたこともあります。すごい時にはティッシュBOXの裏に書き、そこを破り取ったこともあります。

アイディアは見える化が鉄則です。

## 4　やりたいこと、夢も見える化しよう

他にも、毎日ジョギングするとか瞑想5分とか、ストレッチ、笑顔で人と接するなどの細かな日課レベルのことも、とにかく見える化しましょう。

くり返しますが、見えないものは忘れてしまうのです。OUT OF SIGHT OUT OF MINDです。

もう一つ書いておくべきことがあります。それは、夢・志です。

あなたのしたいこと、夢はなんでしょうか?

●クルーザーを買って海に乗り出したいので大型船舶の免許を取りたい
●フルマラソンを走りたいので毎日5キロ走る
●ハングル検定の二級をとる
●将来カナダに移住するために英会話を始める
●研究している刀剣の本を出すために刀剣の勉強時間を確保する
●シニアボランティアでアフリカの農業指導を行う

●全国のパワースポットめぐりをする
●カラオケのレパートリーを増やす
●オーロラを観に行く
●ナスカの地上絵を見る
●月旅行に行く

他にも人によって、それぞれやりたいこと、夢は異なるでしょう。書いたということ、見える化したということは、可能性は全くゼロではないのです。

本当に可能性ゼロなら、考えもしないでしょう。

タイムマシンで50年後の未来に行くとか、火星に家を建てるとは書かないでしょう。あるいは素人なのにボクシングの世界チャンピオンになるなどとは思わないのです。

将来ゼロではなくても夢には条件があります。

## ① チャレンジし甲斐がある

あまりにもたやすくできること、やればすぐできることは夢にはなりません。

3年以内に彼女と結婚する、は夢になっても、明日、ラインで挨拶するはならないでしょう。

世界のディズニーランドめぐりは夢でも、今度の日曜に浦安のディズニーランドに行くのは夢とはなりません。

## ② モチベーションが上がる

夢は仕事上の資格を取るというのでも構いません。ただしあなたのモチベーションが上がるものである必要があります。

その夢のことを想っただけでヤル気になる。そんな夢を書き出しておくのです。

## ③ 実現可能性がある

これは、すでに述べた通りです。

見える化するのはスケジュールだけというのは寂しい限りです。

今触れたような、夢、したいこと、志のようにヤル気の湧いてくることも書きだしましょう。それは必ずやビジネスシーンにも役立ってくれます。

ヤル気は集中力の素であり、仕事の成果も左右するのです。

## 5 見える化・文章も立派な視覚化

私たちの情報収集は、そのうちの8割前後は「視覚情報」です。眼から入ってくる。もしもラジオ時代なら、聴覚情報も多かったでしょうが、そして耳からの情報は今は主流ではありません。インターネット、動画、ＳＮＳ系もほとんど視覚優位です。

以前は右脳的なイメージ、イラスト、画像を用いましょうと進める傾向がありました。しかし、私論ですが、文字は昔よりも視覚情報としては増えてきており、文字の見える化も大いに活用すべきです。

ツイッター、ラインも画像は併用したとしても、文字中心でしょう。以前にはなかった媒体で、しかも使われています。私もここ数年、ＳＮＳでの通信は飛躍的に増えています。

本を若い人が読まなくなったと言いますが、決して文字のインプットが減ったわけではないのです。業種によりますが、メールは読まねばならないですし、電子書籍を読む人も増えています。先のツイッター、ラインにしてもフェイスブックも文字中心でしょう。インスタグラムは画像中心とはいうものの文字表現がないのでもありません。

イラスト、イメージ、画像のみが視覚化ではありません。文字も立派な視覚化であり、以前よりも私たちは様々な媒体でならされているといってよいのです。

# 第7章

# 人生を考えるツボ

# 1　タイムイズライフ

段取り、タイムマネジメント、あるいは仕事の進め方ということですと、どうしても「仕事オンリー」「効率のみ」を追い求めているというイメージになりませんか？

でも、それは全然違います。

すでに、タイムイズマネーではないと、くり返し説いてきています。単純にお金と同じと考えると、細切れにしておいて後でそれをまとめてやるような「時間も貯めておける」という誤った考え、誤解をしてしまいがちです。

15分は15分でオシマイ。4回貯めて一時間にはなりません。絶対に。あるいは、プライムタイム中心にスケジュールを立てるなどと言いますと、「効率一辺倒」のようにとらえるかもしれません。

しかしあえて言いますが、仕事の進め方がメインであっても、私の本書での望みはあなたに「いい人生を送ってもらうこと」に尽きます。そのために、仕事のムダを省き、効率的に成果をあげて欲しいのです。

つまりタイムイズマネーではなくて、タイムイズライフ。時は人生そのものであると気付いて欲しいのです。

本書で説いた仕事の効率化、進め方を徹底していきますと、どんな人でも一日30分は今より使える時間が増えます。自分の能率を考え、優先順位をつけ、時間ドロボウを退治していく。もしかしたら一時間使えるようになったと言う人も出てくるでしょう。その使える時間をどうするか？

もしもタイムイズライフ、いい人生を築くという考えがないと困る結果が待っています。空いた時間、使えるようになった時間に何も深い考えなしに、新しく仕事を入れてしまう。もともと、忙し過ぎてバタバタするのが困るから解決のために効率化したのです。ところが、せっかくの時間を仕事で埋めてしまいますと、再び効率化にチャレンジすることになるでしょう。

また効率化、さらに時間を空ける、再び仕事を入れて困るという悪循環になるのです。業務量は増やせるかもしれませんが、肝心のあなたの心の安定は損なわれるでしょう。いつも時間に追われている感じからは逃れられない。人生そのものが豊かになっていかない結果になるのです。

●考えなしに仕事量を増やさない

これを忘れてはなりません。どうするのかと言うと、使える時間が増えた時点で、すぐにそこに仕事を入れこまないことです。

そうしないと

**効率化**
**←使える時間増**
**←仕事入れる**

という魔のサイクルが続くのです。

バタバタしている。イライラする。忙しいというのが口グセでは、何のための効率化、段取りかとなりかねません。

**効率化**

**←**

**使える時間増**

このあとがポイントです。そのあとに、ただ仕事をするのではなく、「人生について考える時間をとる」のです。

すると、あなたが本当にするべきこと、大切なこと・人、価値あるものが見えてきます。必ず。

タイムイズライフと知りましょう。

## 2　カミナリ療法

タイムマネジメントの大家アラン・ラーキンはカミナリ療法を提唱しました。

毎日決まりきったルーティンワークの連続ですと、人生で本当に価値あること、大切なことがなかなか見えてきにくい。

「今日やらなくてもいいか、明日しよう」というような　明日病　で先に意味なく延ばす。人生で本当に優先すべきことがハッキリしない。

ここらで、ガツンとショック療法が必要です。それこそが、カミナリ療法なのです。

「もしも数か月後にゴルフのプレー中にカミナリに打たれて死んでしまうとしたら」そのように想像したなら、今までのようにのんびりしてはいられない、もっと価値あることに目を向けて行動しろ、というのがラーキンの時間管理術のカミナリ療法の考えでした。

私は、ここから、モタモタしている時間はないのだと気付き、毎年正月には目標を立てるばかりではなく、遺書をかくようにしています。

昔のサムライの真剣勝負のように、命懸けの取り組み、必死の心を常に持つためです。

セミナーでも、ラーキンの時代は数十年も前ですから、スピード化された現代に合わせてアレンジしています。数か月先だと、現代ではあまり切迫感が出ません。そこで2週間先としました。

「もしも2週間先にカミナリに打たれて命をなくすとしたら」という設問をしています。

あなたならどうですか？

やっておくべきこと

会いたい人

買いたいもの

行くべき所

などを真剣に考えるのです。

ちなみに私は、部屋の整理できれいにして、家族に見せたくないものは処分します。生命保険の高いのに入り直す。小学校時代の初恋の人、親友に会いに行く、パートナー、子供との最後の晩餐などは必ずしておきます。

このカミナリ療法でリアルにイメージして書き出してみましょう。すると、あなたの人生での価値観があぶりだされてきます。

仕事、地位、名誉、お金、友人、家族、夢。あなたの書いたことは、人生で価値あると認めた人、物、ことなのです。

## 3 ジョブズ式究極の方法

優先順位でも触れましたが、スティーブ・ジョブズは究極の選択法を考えました。

仕事と彼女との約束が重なったら、あなたならどちらを取りますか？

20代の私なら、仕事・研究・創作を文句なく選びました。今は違います。彼女を間違いなくとります。ジョブズ式は、しかし通常での選択ではありません。

「もしも地球最後の日ならどちらをとるか？」と問いかけるのです。

この問いは、極端でもありますが、あなたの価値観、人生観、考え方が出てくる問いかけです。ですから、こちらが正しいという正解はありません。あなた個人の価値観が基準です。

先述のカミナリ療法は、2週間でした。まだ余裕はあります。

ところが、「地球最後の日」というのは、もう猶予のない究極の状況での思考実験でしょう。

カミナリ療法での問いかけは、私はすでに何千人という単位で尋ねてきていますが、それでも「いつもと変わらずに過ごす」というのは平均４割近くいて多数派なのです。

これはさらに言いますと、死生観・人生観と重なります。安定、安寧、安心を考えますと、いつも通りがベストというようになるようです。

あたかも、冒険をしたドロシーが最後に、やっぱり家が一番と言ったかのごとしですね。いつもと同じように仕事をして、食事をして、家族と会話して眠りにつく。

普通がいい。平凡が非凡。という達観する方が多いのには正直驚きます。まだまだ日本の若者も捨てたものではないのかなと思います。

地球最後の日に何をするか?と考えますと、何か特別なことをして、特別な日にしようと考えます。ところが、さらに真剣に考えますと、やはりいつも通りが一番となる人が多いのです。面白いですね。

「人生」は、心が安定して、楽しい一日で有ればその積み重ねで良い一生になるのです。

仕事術だけを追求しても、そこにあなたの人生観が反映されなければ虚しいでしょう。

良い仕事をすることは良い人生に通じるのです。

仕事術は、効率的に仕事をするだけが目的ではないのです

# 4　人生目標のある生き方

仕事・家庭・健康・経済・自己啓発・趣味・友人関係・ライフワークと言った領域が満たされていますと、良い人生といえるでしょう。

これらの領域は、トータルで、バランスよく考えていく必要があります。

仮に仕事の領域だけがうまくいっても、家庭はバラバラだったり、健康を害したら良い人生は築きにくくなります。

逆に他はうまくいっていても、仕事がイマイチでは困ります。

全ての領域が、バランスよく満たされることを常に意識したいものです。

本書は基本的に、段取り・仕事術を説いています。趣味のない人生、友人のいない人生、なにより理解者がいないのはつらいものです。

私は20代は能力を磨く修行の時と割り切って、周囲が遊んでいても、能力開発にいそしんできました。理解者は少なかったのですが、必ず世に出るんだと誓い頑張りました。

今考えますと、その種まきしたものを、今収穫している感覚です。あの時期に遊びだけしていたら、つらい人生になっていたなと思うのです。

撒かぬ種は生えない、強くそう思います。ですので、人生目標を早い時期にもって、その上で仕事術で成果を出していくことです。

自己啓発、自分を磨き高めるのは期限のない、しかし重要なこと。これは優先順位が高い、毎日すべきことなのです。これも、歳を重ねた時点で何もしていませんと、「あの人底が浅い」「仕事ができるけど、人間的に問題」などと言われかねません。一日で人格は陶冶されたり、磨き高まることはないのです。早目に取り組むことです。

ほかにも、人生を通してやるべきライフワークも考えたいところです。やがて70でも働き盛りと言われる時代が必ず来ます。ライフワークも一日でやるものでも、決められるものでもありません。着手は早い時期に越したことはありません。

# 5 人生目標の定義

ひところ、月刊誌にはいかにして異性にモテルかという特集が毎号組まれていました。青年時代は研究したものです。

ある雑誌には、二者択一で迫れとありました。京都へ行こうよ、ではダメというのです。古い老舗の旅館と最新のオシャレなホテルどっちが好き?という聞き方であたかも自分が決定したかのように思わせよなどと書いてありました。

実際にやって見たら「私は老舗かな。でも松ちゃんとはいかないけど」と断られた記憶があります。

だいぶあとに、連載することが何度もありました。しかし私の青年時代とは大きく違っていて、仕事や金儲け関連は多いのですが、異性にモテルというのはほぼ見当たりません。ニーズがない、ということは、特に男性に草食系が増えて、モテたいとは本気で思わないのでしょうか。あっても、合コンでの話し方やネタといったソフトな物くらいです。もちろん出版社のカラーにもよりますが、以前はビジネス誌でも特集はよく見かけたので、嘆かわしいと思います。生命力の強さは成功の原動力です。成功哲学で著名なナポレオン・ヒルも、巨富を築く13の条件の中に性エネルギーを挙げている位で、その本の発行元もビジネス書で有名な出版社でした。

やや脱線したので戻します。

やはり仕事だけ、お金だけの人生は面白くありません。

人生の醍醐味、妙味というのは「ああ生きていてよかった」という実感にあるでしょう。また、辛いこと、苦しいことも味わった上で、生きてきた甲斐があったとなると、喜びも倍加するでしょう。つい最近、プライベートでそんなことがあり、味わい深かったものです。それは、ただの仕事の進め方の先に開ける世界です。

そんな、人生を味わい楽しむためにも、バランスのとれた人生目標を持ちましょう。

目標の定義

① 期限付き
↓
② 具体的
↓
③ 挑戦的、モチベーション

詳しい中身は他でも触れました。

いつまでに、どのような具体的なことを実現させるのかハッキリさせておくことです。

# 6　利他的・志

仕事は、まずは自分自身のスキルアップや昇進、能力開発、知識を増やすなどから始まります。自分のために、ある意味利己的です。さらに家族のため。範囲は広がっても自分が中心です。

ところがその分野のプロと呼ばれるぐらいの実力者になったとしましょう。すると、自分のためにやっていることが、そのまま他人のため、世の中のためになっていきます。

新薬の研究開発で、自分の能力、知識を総動員して研究する。それが結果としてクスリが必要な病気の人のため、世の中のためになる。

自分の能力を追求していくプロのスポーツ選手がいます。名前は出さなくとも、テニス、野球、サッカー、ラグビー、フィギィアスケートなど何人も思い浮かぶでしょう。

彼、彼女らが自分の記録に挑戦して自分の能力の限界を試す。しかし、結果としては、観客、ファンに感動を与え、勇気を湧かせて結局人のためになる。

これは利己的に本人ががんばっても、利他的といえましょう。

自分の人生目標も、始めは自分だけのためでいいのです。が時には利他的なことも思って下さい。そこまで深く考えずとも、あなたの実力がつけば、人を指導するとか、育成していくような利他的な内容も伴ってきます。


私はずっと若い時期は、講演研修の回数とか、出版した本の冊数のような、利己的な目標がほとんどでした。

そして、パートナーのため、子供のためと広がり今はかなり利他的なことを自然に思います。

風邪が流行ると、来週の研修の受講者のために健康でいないとならないと考えがそちらに向きます。

新しいテーマで本を書く時には、この本を読む人にぜひこんなことを知ってもらいたいと自然に考えてしまうのです。


人生目標といいますと、そこには利己的な意味も当然入ります。つまり自分の人生の目標です。私はこうなりたい、私はあれが欲しいという具合です。

さらに進化すると、そこにはどこにも私の入らない、無私の世界が開けてきます。

今私は、３年間で30冊の良書を世に出すと決めて、すでに3冊出しました。２００冊の著書の時点で私の著書が何冊というのはもう卒業しました。少なくとも、それを目指すことはありません。

良書、つまり10年後も中身勝負でしっかり読み続けられている本を書く、世の中の読者に読んでほしいと願うのです。私が、というのはもういいのです。

講演、研修を聴いた人が実践してくれたり、勇気を持ってくれたらいいのです。その考えと、私は年に２００回の公演、研修をするというのとは意識が全く異なります。

ビジネスでするなら、協力者もいますから利益を出さねばなりません。

しかしその前に、志があって、世のため人のためという大義名分が欠かせないのです。何をやってももうかればいいのではないでしょう。自分のプライドは捨ててはなりません。

先義後利　この言葉の重さを感じて下さい。

# あとがき

いかがでしたか？

実践してみようと思いましたか。私は220冊以上の自己啓発・ビジネス書を世に出してきました。

しかし、読者の多くは本を読むだけの方々です。「書いてあることを実行する人」は本当に一握りなのです。

成功するための条件とは、書いてあることをとにかく一つずつ実行していくことです。本は著者の体験、知識の集大成です。悪い事は書いていないものです。もしもその通り行動に移したら大変なことになりますよ。

さらに、本には理想も少々書かれています。つまり著者でも、こうすればいい、でも自分でもまだ完全ではないこと。これも入っています。だから、全部実行できたら著者以上になる可能性もあります。大変なことでしょう。

自己啓発書は、成功への起爆剤です。ダイナマイトはあるのですから、あとは、火をつける、起爆スイッチを入れるだけです。

スイッチは行動です。

買わねば当たらぬ宝くじと言います。どんなに数億円の懸賞額であっても、買うという行動なくしては当たりません。

本文の中でも触れましたが、あえて大好きな言葉なのでここでも紹介します。ベンジャミン・フランクリンのことば。

●知識は実行したときに力となる

知識は力といえたのは、ネット時代以前のことです。今は知識の共有がいくらでもできます。それだけでは、勝利できません。

他の先見力、組み合わせる発想、着眼力が欠かせません。

そして最大のポイントが実践、実行、行動することです。

本書の中身は私の、研修講師30年のエッセンスで、ずっと読まれていくだけの中身には自信があります。

あとは、あなたの行動あるのみです。

# 熱海の海の見える高台にて

松本　幸夫

## 著者紹介


**松本　幸夫**（まつもと　ゆきお）

1958年東京生まれ。

幼少より極度のアガリ症に悩み、話し方教室行脚、武道、ヨガ、瞑想、禅などあらゆる修行を経て克服。人材育成を生涯の使命としようと決意。

日本大学法学部を経て、地獄の訓練で知られる経営者教育研究所研究員。ヒューマンパワー研究所所長として全国を講演。

研修講師として、プレゼンを日本に広めた箱田忠昭氏に学びインサイトラーニング講師。ヒューマンラーニング代表。スピーチドクター。

30年にわたり延べ20万人を指導。ビジネス書作家としての顔もあり国内外で220冊を超す著書がある。『仕事が10倍速くなるスゴイ法』（三笠書房）『時間に追いまくられる人　仕事がラクラク片づく人』（すばる舎）などベストセラー多数。



著者との契約により検印省略

平成28年4月15日　初版第1刷発行

仕事の進め方 7つのツボ《急所》
―もう困らない―

著　者　松本幸夫
発行者　大坪嘉春
印刷所　税経印刷株式会社
製本所　牧製本印刷株式会社

発行所　〒161-0033 東京都新宿区下落合2丁目5番13号　株式会社 税務経理協会

振　替 00190-2-187408　電話 (03)3953-3301（編集部）
FAX (03)3565-3391　(03)3953-3325（営業部）
URL http://www.zeikei.co.jp/
乱丁・落丁の場合は，お取替えいたします。





ISBN978-4-419-06337-5 C3034